W9-BWF-458

3 4880 05000055 8
Emberley, Rebecca.

SP
463
EMB

C-1

My house : a book in
two languages = Mi
casa : un libro en
dos lenguas                $10.46

| DATE DUE | BORROWER'S NAME | ROOM NO. |
|---|---|---|
| 2/2 | AnaRonCe | 201 |
| 5-6-09 | Jessica V. | 204 |
| May 2 | Ayaniah | |
| 9-15-09 | Nathonic Pallar | 215 |
| 10/6/09 | Gabriel Soto | 101 |

3 4880 05000055 8
Emberley, Rebecca.

SP
463
EMB

C-1

My house : a book in
two languages = Mi
casa : un libro en
dos lenguas

# My House

A Book in Two Languages

# Mi Casa

Un Libro en Dos Lenguas

## Rebecca Emberley

**LITTLE, BROWN AND COMPANY**

New York ⋅⁓⋅ Boston

Other books by Rebecca Emberley

Picture books:
LET'S GO•VAMOS
MY DAY• MI DIA
TAKING A WALK•CAMINANDO

Board Books:
MY ANIMALS•MIS ANIMALES
MY CLOTHES•MI ROPA
MY COLORS•MIS COLORES
MY FOOD• MI COMIDA
MY HOUSE•MI CASA
MY NUMBERS•MIS NUMEROS
MY OPPOSITES• MI OPUESTOS
MY SHAPES•MIS FORMAS
MY TOYS•MIS JUGUETES

Copyright © 1990 by Rebecca Emberley

Little, Brown and Company

Time Warner Book Group
1271 Avenue of the Americas, New York, NY 10020
Visit our Web site at www.lb-kids.com

First Paperback Edition

Library of Congress Cataloging-in-Publication Data

Emberley, Rebecca.
  My house=Mi Casa : a book in two languages / by Rebecca
Emberley.
     p.   cm.
  Summary: Captioned illustrations and Spanish and English text
describe things found in a house.

  ISBN 0-316-23448-6 (pb)
  1. Picture dictionaries, Spanish.   2. Picture dictionaries,
English.   3. Spanish language—Glossaries, vocabularies, etc.
4. English language—Glossaries, vocabularies, etc.   5. Dwellings—
Terminology—Juvenile literature.   [1. Vocabulary.   2. Dwellings.
3. Spanish language materials—Bilingual.]   I. Title   II. Title:
Mi casa.
  PC4629.E47     1990
  463'.21—dc20                                    89-12893


20   19   18   17   16

SC

Manufactured in China

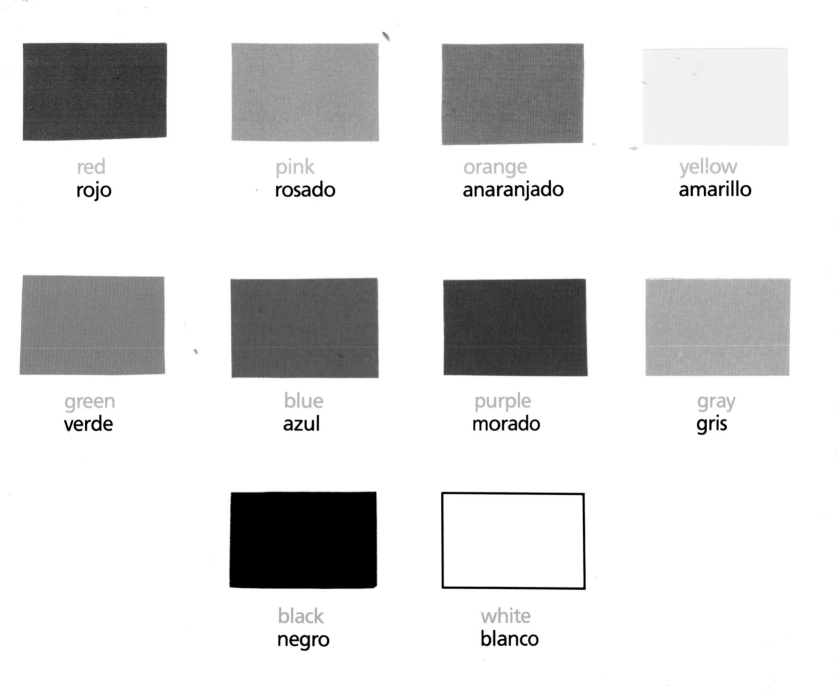

red
**rojo**

pink
**rosado**

orange
**anaranjado**

yellow
**amarillo**

green
**verde**

blue
**azul**

purple
**morado**

gray
**gris**

black
**negro**

white
**blanco**

Here are some of the colors you will see in this book.
**Estos son algunos de los colores que verás en este libro.**

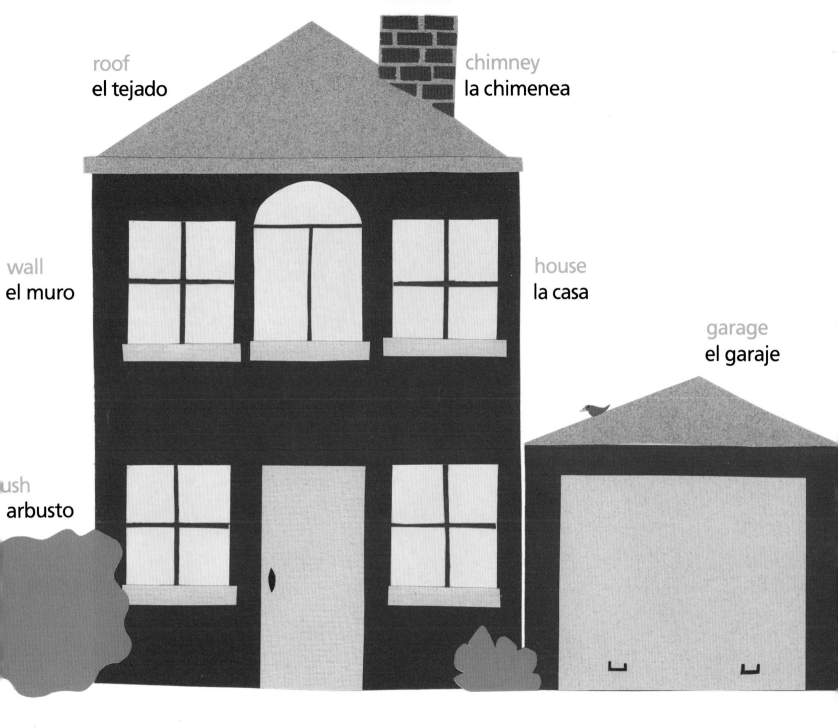

roof
**el tejado**

chimney
**la chimenea**

wall
**el muro**

house
**la casa**

garage
**el garaje**

ush
**arbusto**

This is my house.
**Esta es mi casa.**

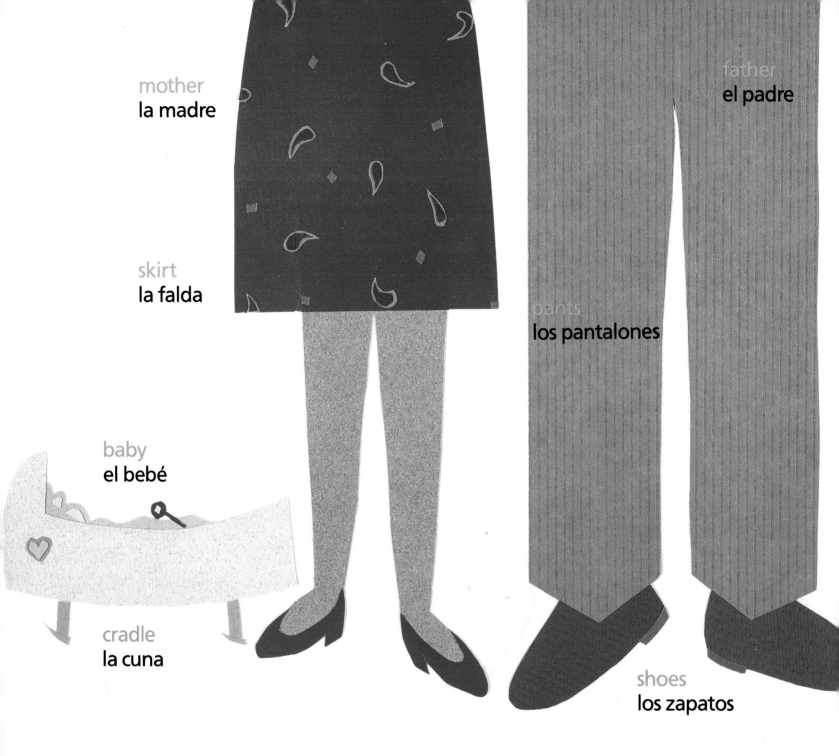

mother
**la madre**

father
**el padre**

skirt
**la falda**

pants
**los pantalones**

baby
**el bebé**

cradle
**la cuna**

shoes
**los zapatos**

I live here with my family
**Yo vivo aquí con mi familia**

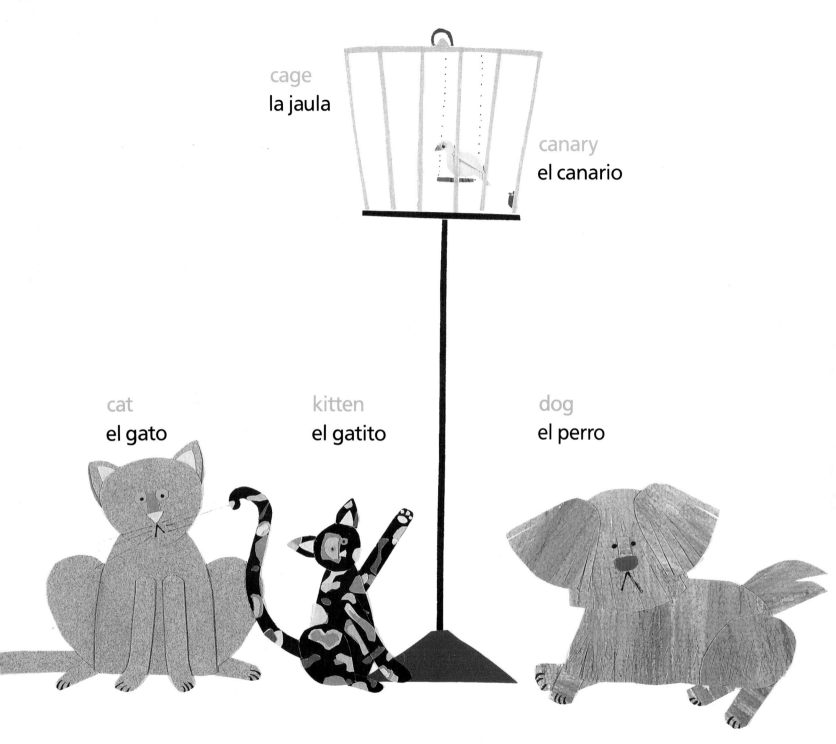

cage
**la jaula**

canary
**el canario**

cat
**el gato**

kitten
**el gatito**

dog
**el perro**

and my pets.
**y mis mascotas.**

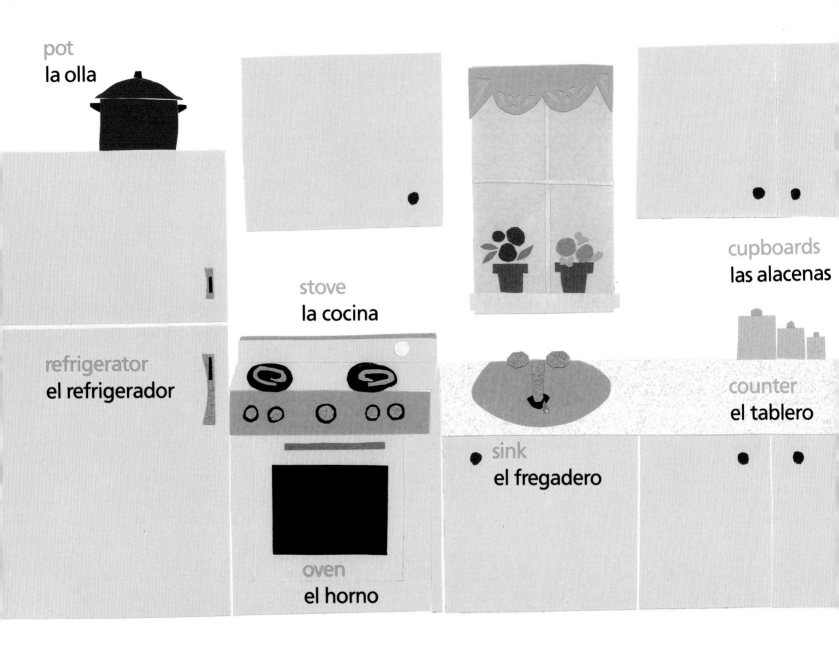

pot
**la olla**

stove
**la cocina**

cupboards
**las alacenas**

refrigerator
**el refrigerador**

counter
**el tablero**

sink
**el fregadero**

oven
**el horno**

This is the kitchen,
**Esta es la cocina,**

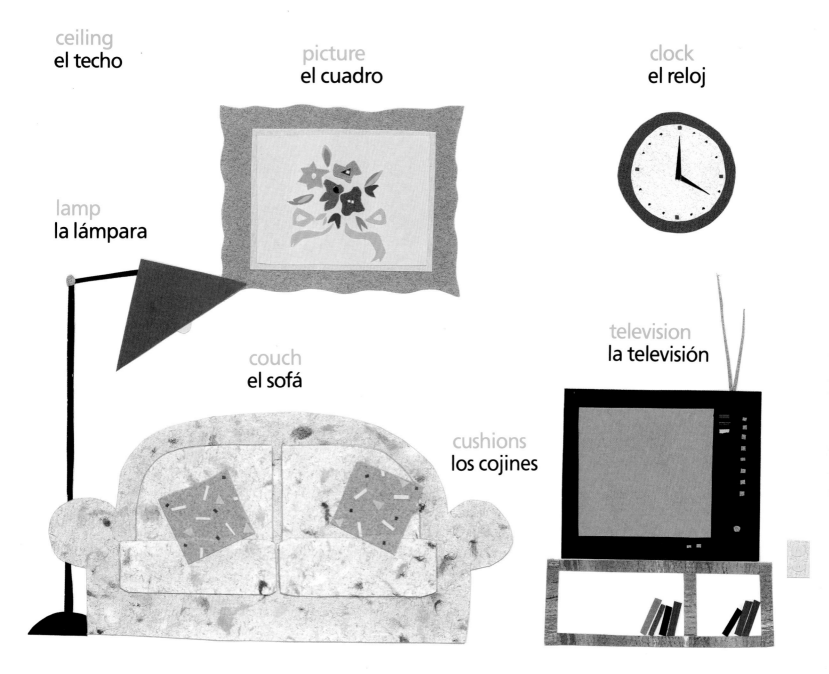

ceiling
**el techo**

picture
**el cuadro**

clock
**el reloj**

lamp
**la lámpara**

television
**la televisión**

couch
**el sofá**

cushions
**los cojines**

and this is the living room.
**y esta es la sala.**

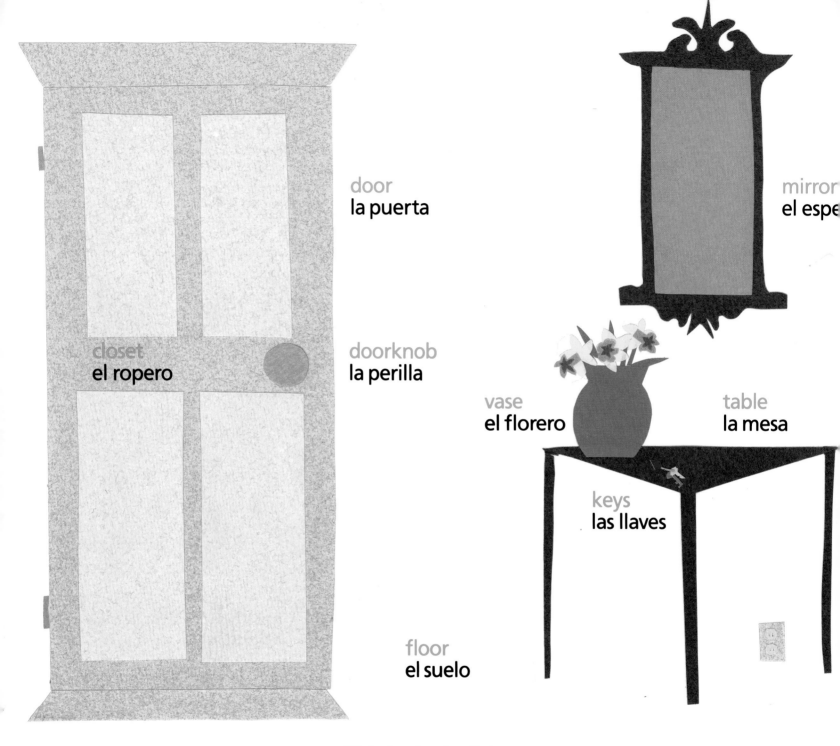

door
**la puerta**

mirror
**el espe**

closet
**el ropero**

doorknob
**la perilla**

vase
**el florero**

table
**la mesa**

keys
**las llaves**

floor
**el suelo**

This is the hallway.
**Esta es el pasillo.**

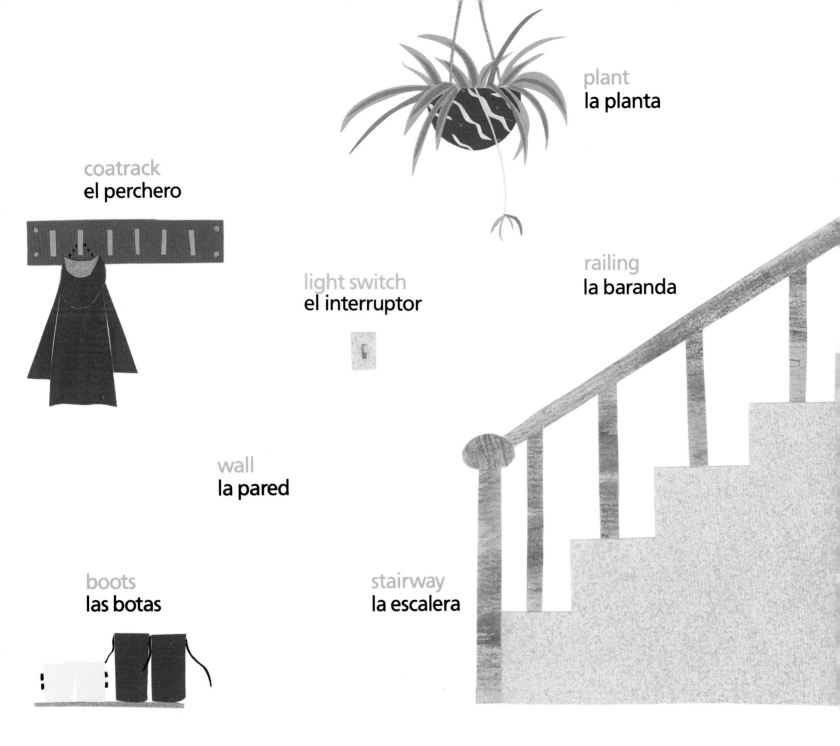

plant
**la planta**

coatrack
**el perchero**

light switch
**el interruptor**

railing
**la baranda**

wall
**la pared**

boots
**las botas**

stairway
**la escalera**

Let's go upstairs.
**Subamos.**

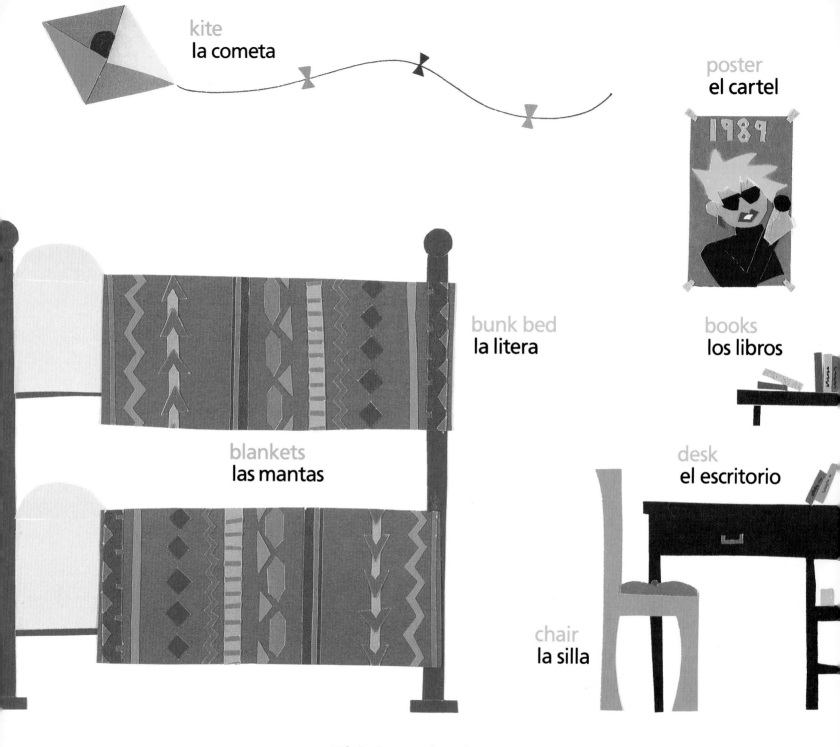

kite
**la cometa**

poster
**el cartel**

bunk bed
**la litera**

books
**los libros**

blankets
**las mantas**

desk
**el escritorio**

chair
**la silla**

This is my bedroom
**Esta es mi cuarto**

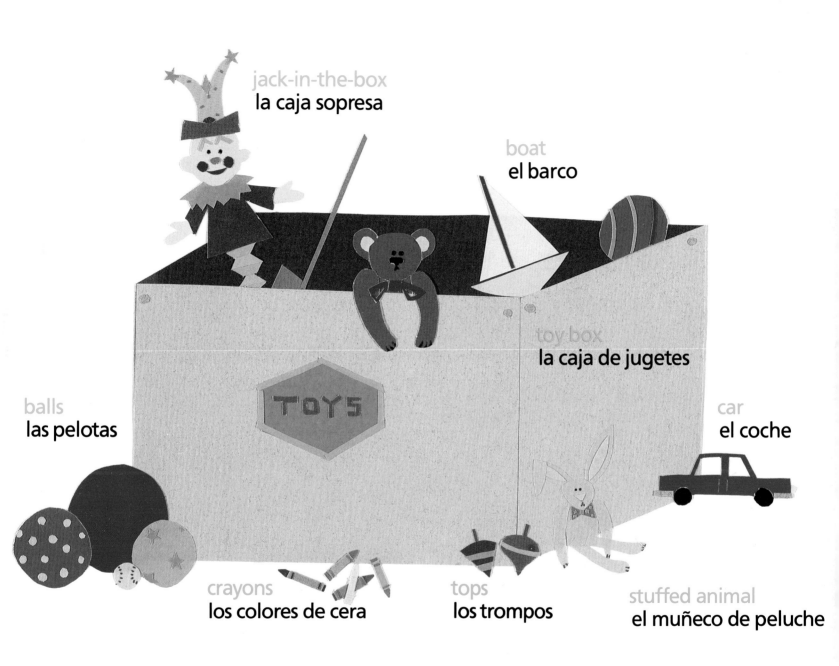

jack-in-the-box
**la caja sopresa**

boat
**el barco**

toy box
**la caja de jugetes**

balls
**las pelotas**

TOYS

car
**el coche**

crayons
**los colores de cera**

tops
**los trompos**

stuffed animal
**el muñeco de peluche**

and these are my favorite toys.
**y estos son mis jugetes favoritos.**

window
**la ventana**

blocks
**los bloques infantile**

mobile
**el móvil**

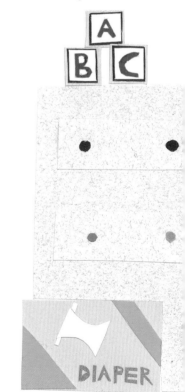

rocking chair
**la mecedora**

teddy bear
**el osito de felpa**

crib
**la camita del bebé**

diapers
**los pañales**

This is my sister's room
**Este es el cuarto de mi hermana**

medicine cabinet
**el botiquín**

shower
**la ducha**

tissues
**los pañuelitos de papel**

toilet paper
**el papel higiénico**

faucet
**la llave de agua**

toilet
**el excusado**

bathtub
**la bañera**

rug
**la alfombra**

and this is the bathroom.
**y este es el baño.**

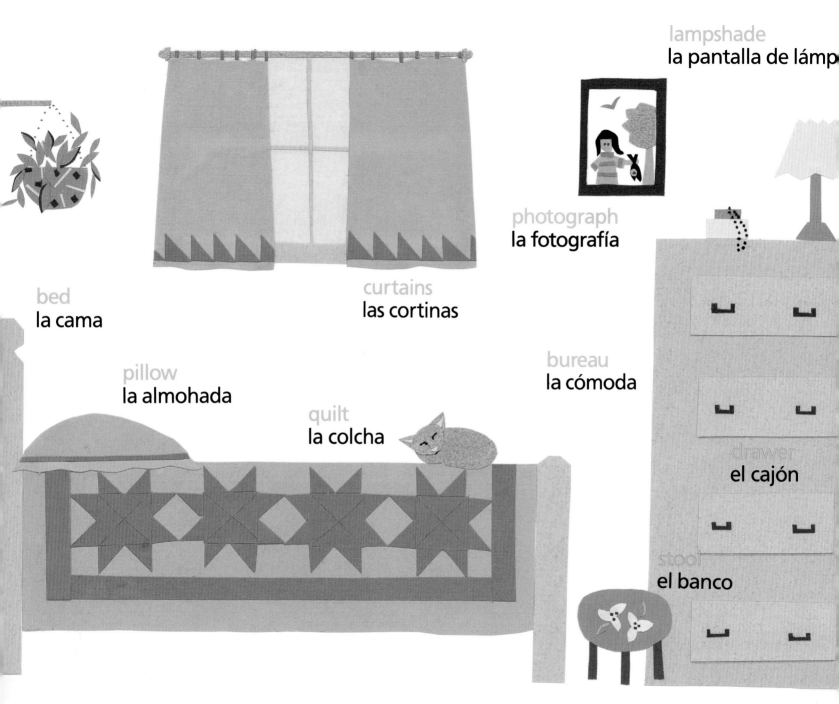

lampshade
la pantalla de lámp

photograph
la fotografía

bed
la cama

pillow
la almohada

quilt
la colcha

curtains
las cortinas

bureau
la cómoda

drawer
el cajón

stool
el banco

This is my parents' bedroom.
Este es el cuarto de mis padres.

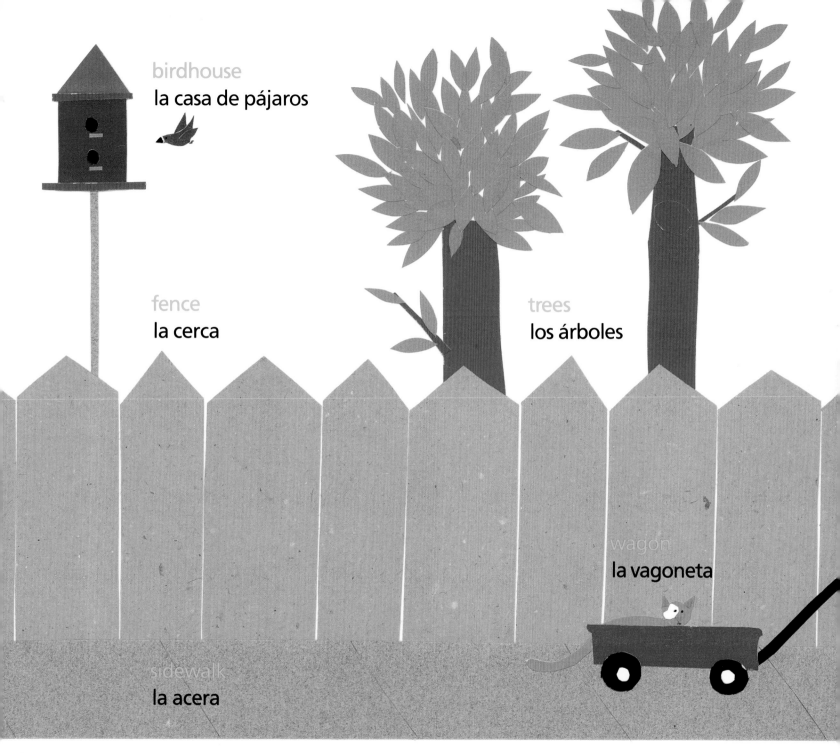

birdhouse
**la casa de pájaros**

fence
**la cerca**

trees
**los árboles**

wagon
**la vagoneta**

sidewalk
**la acera**

Let's go outside.
**Salgamos.**

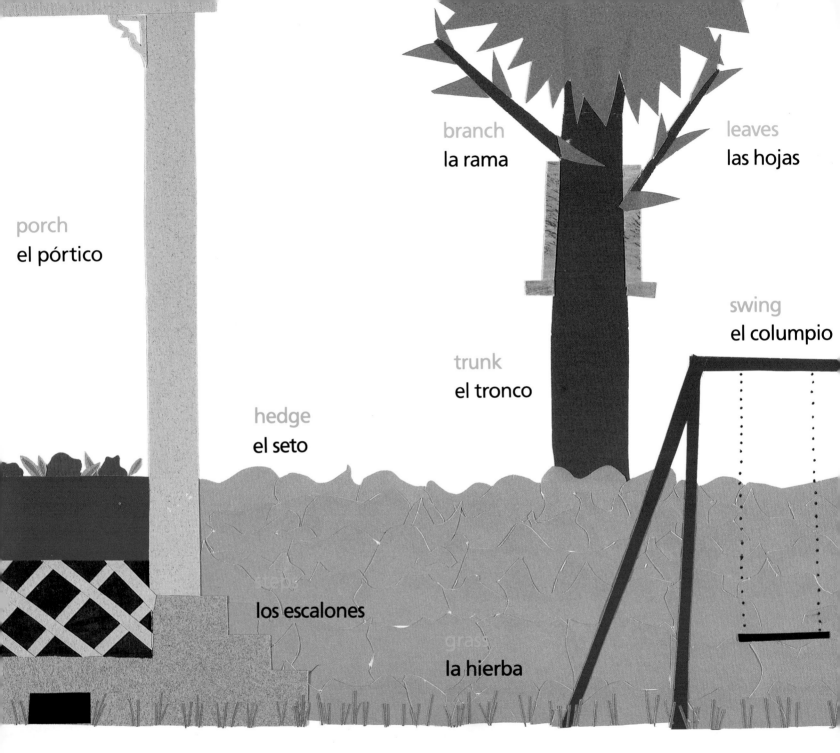

porch
el pórtico

branch
la rama

leaves
las hojas

swing
el columpio

trunk
el tronco

hedge
el seto

steps
los escalones

grass
la hierba

This is the yard.
Este es el patio.

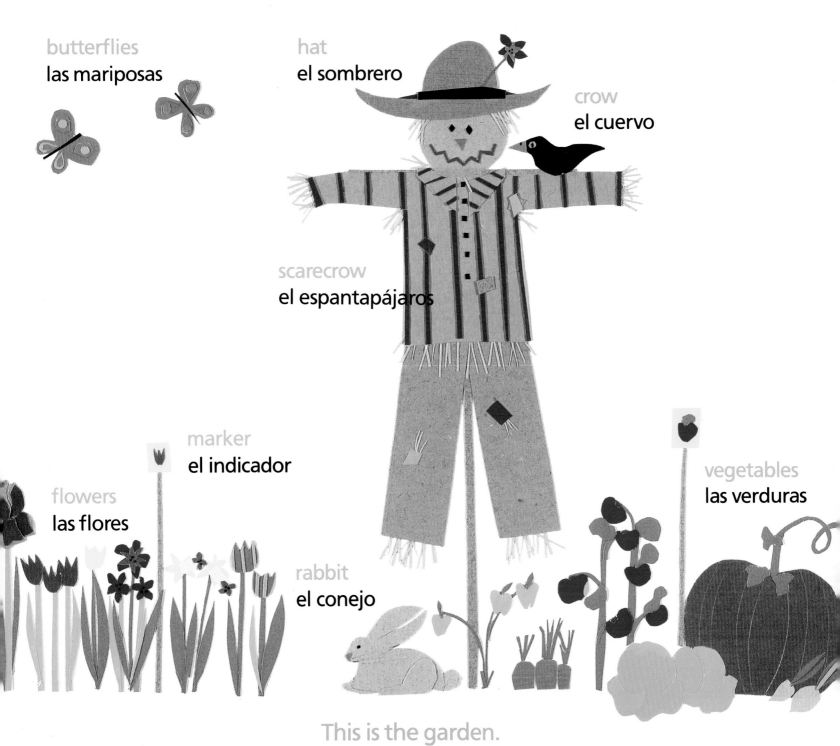

butterflies
**las mariposas**

hat
**el sombrero**

crow
**el cuervo**

scarecrow
**el espantapájaros**

marker
**el indicador**

flowers
**las flores**

vegetables
**las verduras**

rabbit
**el conejo**

This is the garden.
**Este es el jardín.**

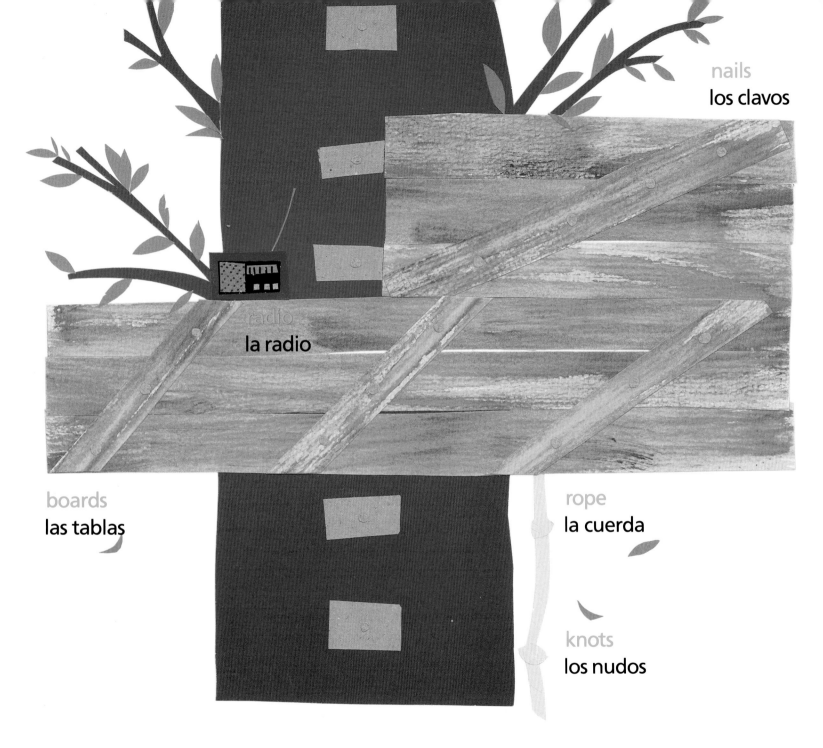

nails
**los clavos**

radio
**la radio**

boards
**las tablas**

rope
**la cuerda**

knots
**los nudos**

Let's go up to my treehouse.
**Subamos a mi casa en el árbol.**

This is my house.
**Esta es mi casa.**

Some people live in igloos,
**Algunas personas viven en iglues,**

or in tepees,
**o en tipis,**

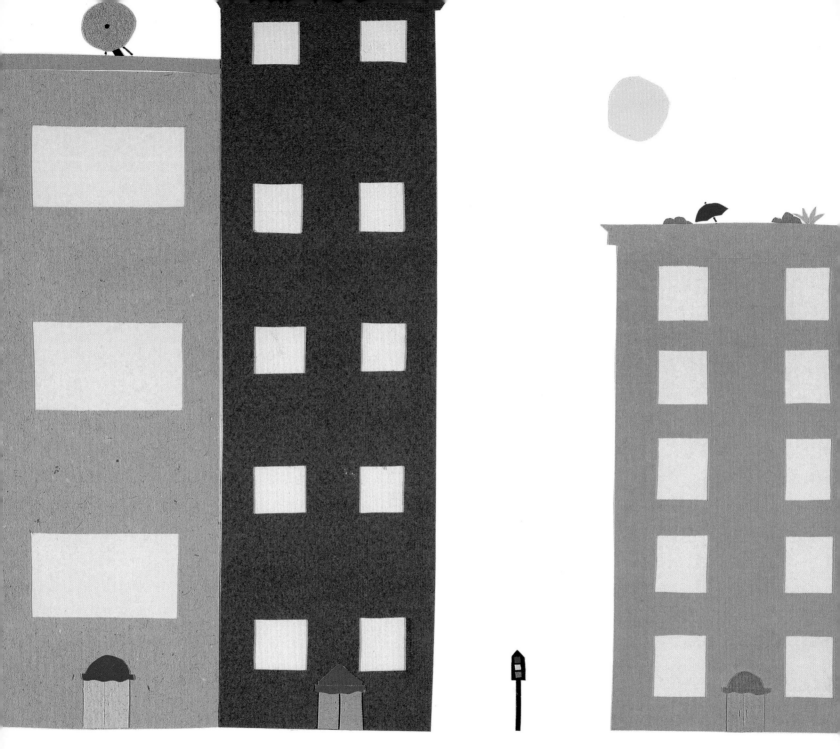

or in very tall apartment buildings.
**o en edificios de apartamentos muy altos.**

¿En qué tipo de casa vives tú?